GAMBETTA

INSTITUTEUR DE LA DÉMOCRATIE

PAR

ÉMILE MOPINOT

Quidquid ex illo amavimus, quid-
quid mirati sumus manet in animis
hominum. TAC., *Agric.*

PARIS

IMPRIMERIE C. MARPON ET E. FLAMMARION

26, RUE RACINE, 26.

1883

GAMBETTA

INSTITUTEUR DE LA DÉMOCRATIE

PAR

ÉMILE MOPINOT

Quidquid ex illo amavimus, quidquid mirati sumus manet in animis hominum. Tac., *Agric.*

PARIS

IMPRIMERIE C. MARPON ET E. FLAMMARION

26, RUE RACINE, 26.

1883

A M. J. BOYER

AVOCAT A LA COUR D'APPEL

HOMMAGE CORDIAL

E. M.

Montrouge (Seine), janvier 1883.

GAMBETTA

Le temps n'est pas encore venu de porter sur
Gambetta un jugement définitif. Devant sa tombe
à peine fermée, il n'y a place que pour le deuil et
les regrets. Il faudrait tout un livre pour appré-
cier comme il convient la portée de son action
durant ces douze années sur la direction des
affaires et la conduite des hommes. Mais il est
permis dès aujourd'hui de retracer les grandes
lignes de cette glorieuse carrière politique. On
rend hommage à la patrie en parlant de ses grands
serviteurs, en méditant les exemples de leur vie,
en recueillant les enseignements qu'ils nous ont
légués. Il y aura profit pour le patriotisme à mé-
diter sur l'œuvre de la reconstitution du pays :
quiconque tient une plume se sent d'ailleurs le
devoir de saluer la mémoire de ce grand citoyen.

I

La partie la plus brillante de l'œuvre de Gambetta est dans toutes les mémoires ; elle appartient à l'histoire contemporaine : nous n'avons pas le dessein d'y revenir. L'histoire a enregistré la protestation retentissante contre l'étouffement du pays sous le régime impérial ; elle a raconté la lutte gigantesque contre l'Allemagne coalisée : épopée terrible où l'héroïsme d'armées improvisées, ne pouvant refouler l'invasion, sut du moins lui tenir tête et la faire trembler.

C'est l'aspect le moins connu de cette vie laborieuse qu'il est utile surtout de remettre sous les yeux ; cette portion d'une œuvre si vaste, pour avoir été la moins aperçue, n'en est pas la moins considérable.

Défenseur infatigable des droits de la nation, Gambetta sut aussi lui tracer ses devoirs, ne cessant de lui recommander par ses exhortations comme par ses exemples toutes les vertus civiques : la fermeté et la prudence, la sagesse patiente, la possession de soi, le calme dans la force, l'esprit de conciliation et d'apaisement, la confiance de toutes les heures dans le succès final. Il sut, par surcroît, lui inspirer les plus nobles sentiments : j'en appelle à ces magnifiques funérailles où l'on vit la reconnaissance de tout un peuple se traduire en une émotion patriotique, en un recueillement véritablement religieux.

Dédaigneux d'une popularité vulgaire, aimant mieux éclairer le peuple que le flatter, et le servir que lui plaire, il n'hésita jamais à lui dire, sans bravade comme sans faiblesse, ce qu'il croyait la vérité.

Ce respect de la vérité a inauguré pour nous une politique toute nouvelle, politique vraiment française, toute de franchise, s'étalant au grand jour et à ciel ouvert. Quel contraste avec les procédés habituels de la politique impériale qu'avait réprouvée la conscience nationale bien avant l'heure où cette politique s'écroulait d'elle-même, dupe et victime de ses propres mensonges ! La sincérité de Gambetta réussit à rallier les forces intellectuelles du pays et à les régler : à ce double titre, l'impartiale histoire verra en lui le véritable instituteur de la démocratie.

Loin de nous la prétention puérile de chercher à établir l'impeccabilité de sa conduite politique : le génie lui-même n'est pas à l'abri des surprises ; l'infaillibilité n'est pas de ce monde et n'appartient qu'à Dieu. On peut affirmer du moins que les résolutions de Gambetta, même les plus sujettes à controverse, étaient inspirées par la droiture des intentions et émanaient d'une conviction réfléchie.

Et n'est-ce pas le moment de s'expliquer une bonne fois sur l'étrange malentendu — méprise vraiment inconcevable — par où l'on s'acharnait à dénoncer comme un dictateur celui qui savait, aussi énergiquement que pas un, détester quels qu'ils fussent tous les pouvoirs personnels arbitraires. Il leur avait voué dès le premier jour une haine irréconciliable : c'était son serment d'Annibal. Qui pourrait s'obstiner à confondre l'autorité légitime avec le pouvoir arbitraire ?

Périclès fut-il donc un dictateur pour avoir su discipliner les esprits et courber les volontés rebelles par le seul ascendant de son caractère et de son génie ? Périclès n'avait d'autre autorité que celle qu'il tirait de sa parole : il était le plus puissant parce qu'il était le plus éloquent, et Gambetta, après Périclès, a prouvé que la persuasion était l'unique souveraine des hommes.

La pratique sincère du régime parlementaire, disait-on sans cesse, exige que celui qui possède la réalité du pouvoir en ait aussi la responsabilité. En vertu même de ce principe qu'on lui opposait justement pour vaincre ses résistances, du jour où Gambetta vit placer presque de force dans ses mains la direction des affaires, ayant toute la responsabilité du pouvoir, il en réclama la réalité. La logique de son esprit se refusait à contracter un marché de dupe dans lequel la responsabilité ministérielle fût devenue un non-sens. Il estimait que le devoir d'un gouvernement est de gouverner, de gouverner effectivement, par sa propre impulsion, sous le contrôle des mandataires du pays et de l'opinion publique. Il entendait maintenir intactes et respectées les frontières qui séparent le domaine exécutif du domaine législatif. En cela, il faisait acte d'homme d'État. De là pourtant les clameurs de droite et les clameurs de gauche : coalition des dynasties, faction anarchiste, tout se déchaîna contre lui.

Qu'on y réfléchisse : la liberté n'est assurée pour un peuple que si le pouvoir, par un juste équilibre, a la force et la réalité. Pas de sécurité pour les gouvernés sans une certaine concentration chez les gouvernants. La déclaration des droits de l'homme de 1791 le dit expressément : « La garantie des droits de l'homme et du citoyen « nécessite une force publique; cette force est « donc instituée pour le service de tous... » (1)

Comment, en effet, concevoir un peuple non gouverné? Dans les périodes de transition elles-mêmes, fussent-elles de quelques jours seulement, sorte d'interrègne entre le pouvoir écroulé et le pouvoir qui surgit, l'autorité publique est remise par intérim à un gouvernement provisoire. L'État, dans une démocratie, n'étant au service d'aucun intérêt personnel ou dynastique mais du seul intérêt social, amoindrir ou désarmer le pouvoir central, ce n'est servir ni la liberté ni la justice. Pour les bons citoyens la question n'est donc point d'être gouvernés ou de ne pas l'être; pour eux la question c'est d'être bien gouvernés.

Voilà une de ces vérités élémentaires que Gam-

---

(1) Déclaration des droits de l'homme et du citoyen (art. 12).

betta prenait à cœur de faire pénétrer dans les esprits. En créant parmi les républicains un parti de gouvernement, il formula les nécessités de ce gouvernement dont les principes datent de plus de vingt siècles, mais dont l'application moderne est d'hier.

Tout d'abord il eut à conquérir ses collaborateurs du Parlement. Ceux-ci en effet, pour la plupart, n'avaient pas beaucoup plus que les masses électorales elles-mêmes, la formule scientifique de leurs aspirations. Pour eux aussi, les questions politiques restaient le plus souvent confinées dans les régions ardentes mais vagues du sentiment. Ces pressentiments généreux, est-il besoin de le dire, ont leur valeur et ne trompent guère les esprits désintéressés; on ne saurait cependant édifier de système politique sur la simple clairvoyance du cœur ni sur les inspirations du patriotisme. Il fallait arriver à faire accepter aux élus du pays la formule même des institutions nouvelles, et maintenir à la fois la stabilité sociale et la continuité du progrès, c'est-à-dire l'ordre et la république.

Pourquoi ne pas le reconnaître? Les doctrines de l'ancienne école républicaine se complaisaient dans la région idéale des principes. Suffisantes pour l'établissement du pouvoir, elles étaient impuissantes à en assurer la durée. Gambetta institua une politique nouvelle, en définit les nécessités et les lois, et sans heurter à plaisir les préjugés de ses contemporains, il fit entrer dans leurs esprits bon nombre de vérités philosophiques en les leur faisant toucher sur le terrain des applications sociales. Pour lui, les discours n'étaient que la préface de l'action.

Le temps n'était plus aux déclamations stériles, aux abstractions et aux utopies; c'était l'heure des résolutions et des actes. Nourri des fortes doctrines d'Auguste Comte, instruit par des méditations studieuses et de patientes recherches, Gambetta poursuivit les seuls résultats pratiques, sans s'égarer dans les théories cosmopolites, sans prétendre décréter la constitution politique du genre humain. Voulant que notre troisième république pût grandir et abriter les générations futures, il s'appliquait à lui créer au dehors des alliances solides et loyales et à lui maintenir au dedans les droits reconquis.

Toujours attentif aux manœuvres suspectes de la stratégie réactionnaire, dénonçant les intrigues et confondant les subtilités, déjouant les complots parlementaires, soutenant les chocs, ou démasquant les pièges, toujours prêt à la lutte et faisant face à tous les dangers, tour à tour Achille et Nestor, opposant suivant l'heure à l'adversaire l'ardeur ou la vigilance, la lance ou le bouclier, Gambetta ne déposait l'armure du combattant que pour redevenir le modérateur et le conseiller de la démocratie.

II

Ah ! je le sais, et nous les avons vus à l'œuvre ; les politiciens de la coalition monarchique ont trouvé plus simple de nier la démocratie, de la tenir pour non avenue ou de la combattre comme une ennemie. Mais cette démocratie n'est autre chose que la France moderne elle-même, et bien fou celui qui tenterait de la refouler. Elle est adulte aujourd'hui et nulle force humaine ne pourrait la plier ni la rompre ; elle a conscience d'elle-même, et dans les jours d'anxiété de 1877 elle a su prouver sa puissance disciplinée et affirmer sa raison souveraine.

En face des provocations d'un pouvoir antiparlementaire, sous la conduite du chef qu'elle acclamait, quel spectacle grandiose n'a-t-elle pas offert lorsque aux conspirations d'un gouvernement séditieux elle opposa victorieusement sa patience réfléchie et la majestueuse inertie de sa résistance !

C'est dans ces heures troublées que Gambetta fut véritablement le bon génie de la France. Il fut tout entier au salut du pays et à la sauvegarde de ses droits menacés comme il s'était donné huit ans plus tôt à la défense de son honneur et de son sol. Strict observateur de la Constitution, donnant à tous l'exemple du respect des lois, il prit l'initiative de la protestation contre la démence d'un cabinet insurrectionnel, non moins anarchiste que rétrograde, qui plaçait criminellement son espoir dans la double possibilité d'une émeute et d'un coup d'État.

C'est alors qu'on vit à l'œuvre Gambetta, qu'on entendit sa voix magistrale tour à tour instruire et modérer, éclairer et contenir l'opinion publique justement frémissante, prête à se cabrer sous la cravache insolente de provocateurs éhontés.

Le pays avait reconnu de suite son éternel ennemi, le revenant du pouvoir arbitraire. Le décor n'avait guère changé : même théâtre, mêmes panaches et même langage. L'*ordre moral* ressemblait bien fort à l'*ordre* tout court du 2 décembre. Le pays ne pouvait s'y tromper ; à l'exemple de la majorité républicaine du Parlement, il se rangea spontanément sous la loi du chef incontesté de la résistance légale.

Gambetta devenu le champion des revendications nationales prescrivit plus que jamais la modération, austère nécessité du devoir civique, dissuada de toute agitation, de tout écart désordonné, mit un frein aux impatiences, prévint les découragements, groupa les bonnes volontés éparses et les fit concourir au plan d'ensemble, leur proposant à toutes, comme moyens, l'entente, la concorde, l'oubli des divergences secondaires ; comme stimulants, la poursuite de communes espérances et la certitude du succès, comme but enfin : le triomphe du droit.

Et comment ne pas rapprocher ici du nom et du souvenir de Gambetta le nom et le souvenir non moins illustres de Thiers? Ces deux noms sont désormais inséparables, consacrés tous deux par l'admiration du monde et la reconnaissance de la patrie.

Adversaire intrépide et convaincu de la guerre néfaste, M. Thiers accepta l'héroïque labeur d'en réparer les désastres. C'était une insurrection formidable à dompter, alors que l'occupation étrangère étreignait encore le pays ; c'était l'armée à reconstituer, les finances à refaire, le crédit à rétablir. Il s'agissait enfin de fonder par la force de l'évidence le seul gouvernement qui fût en harmonie avec les besoins impérieux et la vie normale de la France contemporaine. Il eut la consolation et la gloire d'y réussir. Aussi Gambetta, devançant le jugement de la postérité, a-t-il été l'écho fidèle du pays le jour où, accentuant d'un geste énergique sa protestation indignée et désignant du doigt le vieillard de génie, il s'écria en plein Parlement : « Le libérateur du territoire, le voilà ! »

Ces deux grands hommes, que semblait unir d'avance une communauté de dévouement et de patriotisme étaient bien faits pour se comprendre et pour associer leurs efforts dans l'œuvre du relèvement national. Aussi, quel émouvant spectacle pour nous, les humbles témoins de ces grandes choses, lorsque leurs mains se serrèrent loyalement dans une cordiale étreinte ! Il nous sembla voir tout le glorieux passé de la France libérale sceller son alliance indissoluble avec la France de l'avenir.

A côté de l'âme vaillante de Gambetta, qui le portait d'instinct à rechercher pour lui le poste de péril contre les ennemis de la République et de la patrie, on a bien fait de rappeler la largeur de sa bienveillance une fois la victoire assurée. C'est à lui surtout que s'applique le *Parcere subjectis et debellare superbos.*

Devinant d'où elles venaient, les injures le touchaient peu ; il pardonnait aisément aux agressions réitérées de la calomnie imbécile et aux calculs de la malveillance stipendiée. Etranger à toute pensée de représailles et de vengeance, il laissait à des partis qui n'étaient pas le sien le triste rôle d'éterniser les querelles, de raviver les animosités, de perpétuer les dissentiments et les conflits. Lui, au contraire, il a toujours estimé qu'on faisait acte non seulement d'humanité mais aussi de bonne politique en donnant le dernier mot à la clémence. C'est ainsi qu'il fut généreux envers les égarés de tous les partis, et quand l'heure du pardon fut venue, il fit amnistier les criminels de la Commune, lorsque la commisération du Parlement avait amnistié déjà les grands coupables du 16 Mai.

Et ce furent parfois de rudes batailles oratoires que Gambetta eut à livrer pour conquérir une majorité à l'avis qu'il croyait le meilleur. Ses arguments se développaient alors librement, avec une largeur méthodique — comme des bataillons aguerris se déroulent en pleine campagne — se soutenant, se fortifiant l'un l'autre, et peu à peu gagnant du terrain sur les opinions dissidentes et les esprits rebelles. Enfin, l'impétuosité d'un élan irrésistible donnait l'assaut définitif, forçait les convictions et emportait la victoire. Ce furent de grandes et mémorables journées ! Mais ces journées ne furent pas les seules, et les succès de Gambetta à la tribune ne furent pas ses seuls succès oratoires.

Dans les réunions électorales de Paris ou des grandes villes, dans les banquets patriotiques, à Bordeaux comme à Grenoble, à Saint-Quentin et à Lille comme à Amiens et à Romans, à Annecy, à Belleville, partout il excellait à présenter la situation du moment, à en dégager la résultante, à la faire briller aux yeux de tout l'éclat communicatif de sa lumineuse éloquence. Là était le secret de son ascendant sur les esprits dont il élargissait les horizons en les enlevant pour une heure jusqu'à la hauteur de ses vues politiques, et de là, leur montrait non pas un mirage ou une illusion, mais un idéal réalisable de justice nécessaire, et l'acheminement rationnel vers tous les progrès souhaités.

Comment un tel orateur n'eût-il pas soulevé l'enthousiasme puisqu'il condensait en lui-même, mais à un plus haut degré de puissance, les émotions, les sentiments et les vœux du pays ? Et si, par impossible, l'expérience dix fois renouvelée d'élections successives avait pu laisser quelque doute, la France dans ces heures inoubliables aurait senti que c'était bien à gauche que battait son cœur.

Ce que chacun, dans cette foule d'auditeurs, sentait en soi, Gambetta seul savait le définir et l'exprimer. Aussi, était-il pour tous l'incarnation de la pensée républicaine et l'image vivante de la nation.

Le gouvernement de cette nation par elle-même, voilà ce qu'il parvint à fonder de concert avec M. Thiers, — avec quel patriotisme et quel désintéressement, l'histoire le dira. — Que d'adversaires à combattre pour en arriver là ! Se mesurant avec chacun d'eux, il les prit corps à corps et les terrassa.

Mais si redoutables qu'ils fussent, ces adversaires n'étaient pas les seuls obstacles à l'œuvre de la régénération. Que de difficultés, même au cœur du pays, pour réintégrer ce pays dans la possession de lui-même ! Dix-huit années de césarisme ne pèsent pas impunément sur une nation, cette nation fût-elle la France. Un pareil régime, en troublant toute notion de justice, désoriente la conscience publique, égare le sens populaire et pervertit le jugement dans les cerveaux terrifiés. Une telle maladie, alors même qu'elle n'est pas mortelle pour un peuple, tarit en lui la source des vertus civiques, en épuise les forces vitales et le livre inerte et passif à la merci des conspirateurs audacieux.

Que d'efforts ne faudra-t-il pas, au jour de la délivrance, pour arracher ce moribond à sa léthargie et lui infuser un sang nouveau? La pire des servitudes est celle dont on ne sent plus la honte : les compagnons d'Ulysse, victimes d'une hospitalité parjure et métamorphosés en bêtes ne sont pas hélas! les seuls à s'y complaire.

L'impunité du crime originel, la possession paisible du pouvoir capturé ont fait le chaos dans les esprits. Les mots mêmes de cette admirable langue française, confisqués comme tout le reste, ont été violentés pendant près de vingt années, torturés pour le service officiel et faussés dans leur sens. Renverser les lois, attenter à la représentation nationale, cela s'est appelé défendre l'ordre. Massacrer des promeneurs, exiler les grands citoyens, décapiter la France, c'était sauver la société. Et de plus, le violateur de la loi, on l'a vu salué des acclamations de l'armée, obéi et reconnu par les magistrats, adulé par une presse servile, la seule qui survécût à l'attentat, béni et encensé par les évêques au nom du Dieu de justice. Puis, les proscriptions faisant taire toute protestation, le silence s'est fait, un silence universel. L'acte est consommé. On est en pleine désorganisation sociale : c'est la ruine de la moralité publique, c'est « la paix de l'Empire ».

L'Empire enfin disparaissant, il va s'agir pourtant de refaire l'éducation morale du pays, de lui rendre le sentiment de sa dignité et la conscience de ses devoirs. Cette magistrature docile ou asservie, cette armée complice, comment les ramener de leur égarement, et leur restituer enfin le souci de l'honneur et le respect d'elles-mêmes?

Cette triple tâche était difficile : le grand patriote l'accepta tout entière et s'y dévoua.

Quant à convertir le clergé aux institutions de la France moderne, à quoi bon tenter l'entreprise? il est des maladies désespérées et des cécités incurables. Il importait cependant de se protéger contre les débordements de l'esprit clérical : on n'a oublié ni la croisade de Gambetta, ni les péripéties, ni les complications imprévues et disproportionnées de la lutte. Non pas certes qu'il lui fût jamais venu à l'esprit de contester l'influence salutaire et consolante des croyances religieuses sur les âmes;

mais ce qu'il entendait réprimer, c'était l'intrusion du clergé dans le domaine de la société civile pour en contrarier les développements rationnels. En cela même, il n'innovait pas ; il restait dans la tradition nationale et se montrait fidèle à la politique séculaire de la France. Les anciens parlements, d'accord en cela avec le clergé d'alors, avaient le souci constant de garantir les frontières de l'État contre les tentatives d'usurpation théocratique.

La clairvoyance de Gambetta s'appliquait de même à prémunir l'éducation populaire contre les mêmes périls, et l'instruction laïque lui apparaissant comme la seule sauvegarde du patrimoine intellectuel de la France, c'est à elle qu'il confiait le soin de préparer les générations nouvelles, et de couronner pacifiquement l'œuvre libératrice de la Révolution française, en assurant les destinées de la patrie et l'affranchissement de l'esprit.

Paris. — Imp. C. Marpon et E. Flammarion, 26, rue Racine.

45

PARIS. — IMP. C. MARPON ET E. FLAMMARION, 26 RUE RACINE.